오싹오싹
심해동물

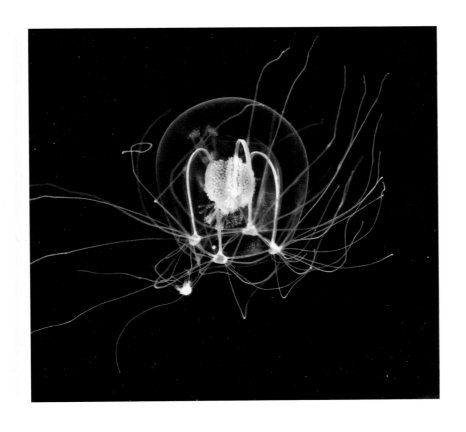

오싹오싹 심해 동물

루스 머스그레이브

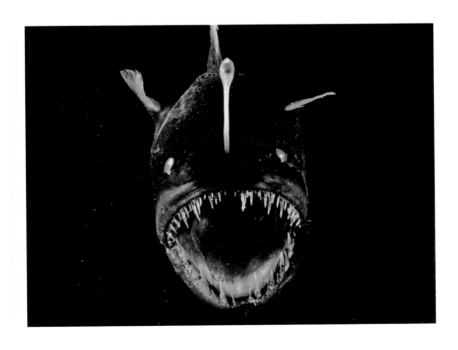

DK | 삼성출판사

차례

심해로 잠수!

'심해 생물 체험'에 참가한 어린이 여러분 환영해요.
지금부터 세상에서 가장 신기한 동물을 만나러 심해,
다시 말해 깊은 바닷속으로 떠날 거예요.
오리발이나 잠수 장비는 필요 없어요. 저희가 멋진
모험을 선사할 잠수정을 준비했으니까요.
자, 이쪽으로 오세요. 출입문을 닫고 출발할게요.
아 참! 출발 전에 몇 가지 알려 드릴게요. 깊은 바닷속은
캄캄하고 추워요. 깊이 내려갈수록 바닷물이 더 세게
내리누르고요. 이번 여행은 위험하니까 안내에 잘 따라
주어야 해요.

차가운 바닷속

심해의 물은 몹시 차가워요.
더운 나라 바닷속이건,
추운 나라 바닷속이건
0~4도예요.

바다를 세 부분으로 나눈다고 생각해 봐요. 위, 가운데, 아래로 말이에요. 여러분은 그중 가운데와 아랫부분으로 잠수할 거예요. 햇빛이 적게 닿아 어스름한 곳과 햇빛이 닿지 않아 어두컴컴한 곳이지요.

심해로 내려가면 햇빛은 점점 희미해져요.
맑은 파란색에서 짙은 파란색으로 변해 가던 바닷물은 마침내 검은색이 되지요. 태양으로부터 자꾸만 멀어져 간다는 뜻이에요.
세상 모든 동물들이 다 그렇듯이 깊은 바다에 사는 동물도 먹이를 찾아야 하고, 자신을 잡아먹는 포식자를 피해야 하고, 짝을 구해야 해요. 다만 살아가는 환경이 다를 뿐이지요.
이제 진짜 출발합니다. 준비, 잠수!

투명한 물고기

얇은 햇빛마저 완전히 사라졌군요. 잠수정은 지금 막 심해에 들어섰어요. 수면에서 200미터쯤 내려왔다는 말이에요. 자유의 여신상을 네 개 쌓으면 그 정도 깊이가 될 거예요.

보세요! 잠수정 유리창 옆에 둥둥 떠가는 게 뭘까요?

해파리예요. 해파리의 몸통은 투명해요. 유리처럼 맑아서 속이 훤히 들여다보이지요.

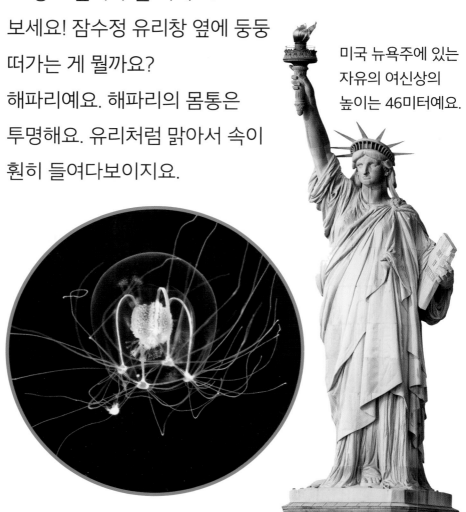

미국 뉴욕주에 있는 자유의 여신상의 높이는 46미터예요.

8

깊은 바닷속에는 나무나 바위처럼 몸을 숨길 만한
장소가 없어요. 그래서 심해에 사는 동물들은
포식자의 눈에 띄지 않으려고 몸을 투명하게 만드는
방법을 찾아냈어요. 해파리 말고 심해에 사는 여러 가지
물고기, 오징어, 새우의 몸도 투명해요.
몸이 항상 투명한 것이 아니라 필요할 때만 투명하게
만들곤 하지요. 또 어른 동물보다 어린 동물의 몸이
투명한 경우가 더 많아요.
몸이 투명한 동물은 근육이 많이 발달하지 않았어요.
그런 만큼 빠르지도, 강하지도 않아요. 하긴 그럴
필요가 없지요. 어두운 바닷속에 가만히 숨어 있으면
그만이니까요.

투명 오징어
'유리오징어'는 다른 오징어들처럼
몸 색깔을 바꿀 수 있어요.

감쪽같은 보호색

심해에서 필요한 보호색은 검은색과 빨간색이에요.
보호색은 포식자의 눈에 띄지 않게 주위와 비슷해
보이는 몸 색깔을 말해요.

어두컴컴한 바다에서 검은색이 도움이 되는 것은
금방 이해가 돼요. 하지만 빨간색은 오히려 눈에
잘 띄지 않을까요?

사실 심해에 사는 동물은 빨간색을 볼 수 없어요.
빨간색이 검은색으로 보이지요. 덕분에 빨간색
해파리는 포식자를 피해 어둠 속으로 유유히
사라질 수 있어요.

물고기가 걷는 방법

녹점술아귀는 지느러미를
발처럼 이용해 바다 바닥을
걸어요. 재빨리 달아나야
할 때에는 아가미에서 물을
뿜어내요. 꽁무니로 물을 뿜어내며
날아가는 물 로켓처럼 말이에요.

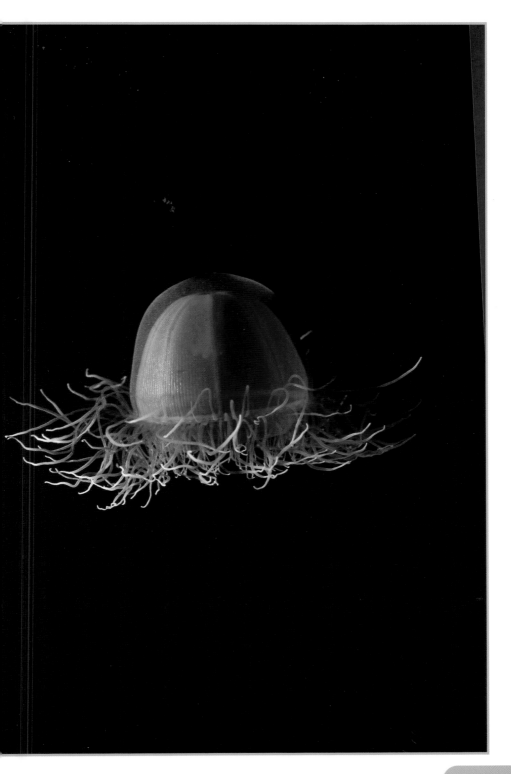

매오징어

빛 속에 숨기

깊은 바닷속은 깜깜해 아무것도 보이지 않아요. 하지만
깊은 바다에 사는 동물들은 어둠 속에서도 앞을 볼
수 있어요. 바다 밖에서 물속으로 가라앉은 아주아주
희미한 빛을 이용하는 거예요.
포식자들은 이 빛을 이용해 아래쪽에서 위쪽을
바라보아요. 그럼 위쪽에서 헤엄치는 동물의 모습이
희끄무레하게 드러나요.

먹잇감이 되는 동물도 이에 맞서는 방법을 개발했어요.
몸에서 빛을 뿜어내는 거예요. 매오징어 몸에서 나오는
빛은 바다 밖에서 내려오는 빛과 섞여요. 그럼 아래쪽
포식자의 눈에는 매오징어가 잘 보이지 않게 되지요.
심해에 사는 동물 열 종류 가운데 아홉 종류는 몸에서
빛을 뿜어내요. 빛을 이용해 포식자로부터 몸을 숨기고,
먹이를 찾고, 친구들과
신호를 주고받아요.

샛비늘치

밝기 조절 스위치

스위치를 돌려 불빛의 밝기를 조절하듯이
몸에서 나오는 빛의 세기를 조절하는
동물도 있어요. 포식자의 눈에 띄지 않은
채 물 위쪽으로 올라갔다 바닥 쪽으로
내려갔다 할 수 있는 좋은 방법이에요.

아주 긴 관해파리

바다에는 해파리도 많고 해파리를 닮은 동물도 많아요. 이런 동물들은 뇌와 뼈와 심장이 없고 대부분 몸집이 작지요. 그런데 여기 희한한 동물이 있어요. 이 녀석은 몸이 놀랄 만큼 길어요.

마침 저쪽에 한 마리가 보이는군요. 여러분, 관해파리를 소개할게요. 어때요, 굉장히 길지요? 사실 관해파리는 여러 작은 동물이 모여 하나의 몸을 이루어 살아가요. 각각의 동물은 하는 일이 서로 달라요. 어떤 동물은 먹이를 잡고, 어떤 동물은 먹이를 소화하고, 또 어떤 동물은 짝짓기를 해요. 물론 헤엄을 치거나 적을 공격하는 일을 맡는 동물도 있어요. 살아남기 위해 한데 뭉쳐 협력하는 거예요.

어때요, 놀라운 협동 능력이지요?

세상에서 제일 긴 동물

과학자들은 120미터 정도 되는 관해파리를 발견한 적도 있어요. 직선으로 쫙 펴면, 대왕고래 네 마리의 길이와 맞먹을 정도예요.

아래쪽의 촉수 사진을 보세요. 관해파리는 수천 개가
넘는 촉수를 이용해 동물성 플랑크톤을 잡아먹어요.

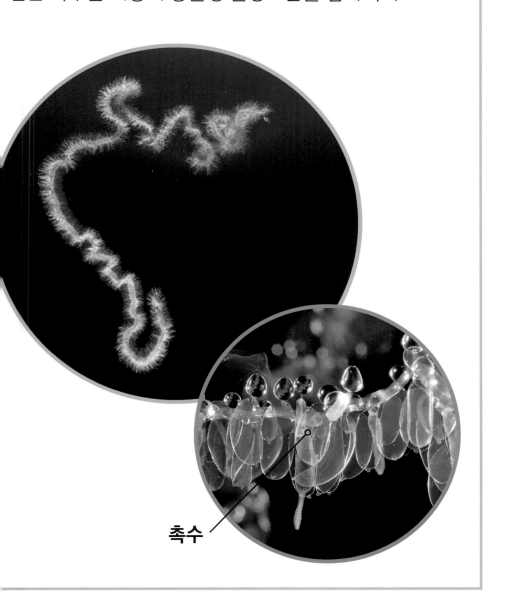

촉수

끈적끈적한 먹장어

이 우스꽝스러운 녀석 좀 보세요. 먹장어는 상어나 다른
물고기가 공격해 오면 끈적끈적한 점액을 뿜어내요.
몸통에서 뿜어져 나온 엄청난 양의 점액은 포식자의
입과 목과 아가미를 막아 버려요. 포식자가 숨이
막혀 죽지 않는 유일한 방법은 먹장어를 놓아주는
것뿐이에요.

먹장어의 천적

점액이 항상 먹장어를
지켜 주지는 못해요.
코끼리바다물범,
고래, 펭귄 그리고
바닷새는 먹장어가
점액을 뿜어내도 눈 하나
깜빡하지 않고 잡아먹어요.

코끼리바다물범

먹장어는 청소부 동물이에요. 죽은 동물을 먹어
치우거든요. 먹장어는 죽은 동물의 입과 아가미를 통해
몸 안으로 들어가 안에서부터 파먹어요.

먹장어는 긴 몸을 꼬아 매듭을 지을 줄 알아요. 몸으로
만든 매듭은 두 가지 일에 이용돼요. 첫째, 매듭으로
먹잇감을 감은 다음 훑어 내리면서 살을 발라내요.
턱과 이빨이 없기 때문에 개발해 낸 기술이지요.
둘째, 포식자를 물리치기 위해 뿜어낸 점액이 자기 몸에
묻었을 때 매듭으로 닦아 내요.

귀가 달린 덤보문어

잠수정 속도를 줄여야겠어요. 작고 귀여운 덤보문어가
놀라지 않도록요.

덤보문어 머리에는 코끼리 귀를 닮은 지느러미가
달려 있어요. 덤보문어는 지느러미를 살랑살랑 흔들며
헤엄쳐요.

덤보문어는 친척이 여럿이에요. 대부분 몸길이가
20~30센티미터 정도 되지요. 하지만 큰 친척도 있어요.
놀라지 마세요. 그 길이가 사람 어른의 키와 비슷해요.

다리 ─

물갈퀴

강력한 빨판

덤보문어 다리에는 빨판이
주르르 돋아 있어요.
이 빨판으로 먹잇감을 잡지요.

덤보문어는 깊은 바닷속에서 살아요.
바다 밑바닥을 기어다니거나 조금 위쪽을 헤엄쳐 다니며
먹잇감을 찾지요. 3000~4000미터 깊이의 바닷속에서
만날 수 있는 덤보문어는 세상에서 가장 깊은 곳에 사는
문어예요.

낚시꾼 아귀

저기 좀 보세요. 깜깜한 어둠 속에서 손전등처럼 빛나는 저게 뭘까? 저것은 아귀 머리에 달린 미끼예요. 시커먼 어둠보다 더 무시무시한 아귀는 미끼를 흔들어 먹잇감을 유인해요.
아귀는 어둠 속에 잠겨 보이지 않고 밝게 빛나는 미끼만 둥둥 떠다니지요.

아귀의 친척

아귀는 친척이 200종류가 넘어요.
대부분 깊은 바닷속에 살지요.

미끼 ————

미끼는 암컷 아귀만 가지고 있어요.
몸집이 작은 수컷 아귀는 암컷과
매우 다른 모습이에요.

배고픈 먹잇감이 미끼를 보고 다가와요. 아귀는 거대한
턱을 벌리고 뾰족한 이빨로 먹잇감을 단숨에 낚아채요.
애고, 무서워라!

깊은 바닷속 상어

잠수정 위로 상어가 스쳐 지나가는군요. 전 세계
바다에는 500종류가 넘는 상어가 살아요. 그 가운데
반이 넘는 상어들을 깊은 바닷속에서 만나 볼 수 있지요.
이 상어는 뭉툭코여섯줄아가미상어예요. 큰 덩치와
긴 꼬리를 자랑하며 5미터 가까이 자라나지요.
바다 위쪽에서 살아가는 상어들이 깊은 바닷속 친구들을
찾아오기도 해요. 저쪽에 돌묵상어가 헤엄쳐 가네요.
돌묵상어는 세상에서 가장 큰 상어인 고래상어 다음으로
커요.

뭉툭코여섯줄아가미상어에겐
여섯 쌍의 아가미가 있어요.
보통 아가미가 다섯 쌍인
상어들과는 다르지요.

**뭉툭코여섯줄
아가미상어**

돌묵상어

돌묵상어는 별난 취미를 지녔어요. 수면에 떠서 햇빛
쬐는 걸 즐기지요. 그래서 '일광욕하는 상어'라는
별명이 붙었어요. 그런데 신기하게도 햇볕을 좋아하는
돌묵상어가 깊은 바닷속에서 여러 달을 지내곤 해요.
그래요, 먹잇감을 찾아 내려오는 거예요. 그렇게 배를
채우고 나면 다시 수면 위로 돌아가지요.

피그미상어

몸에서 나오는 빛

피그미상어는 몸에서 빛이
나와요. 몸을 숨기고, 다른
상어들과 신호를 주고받고,
먹잇감을 찾는 데 쓰이지요.

바이퍼피시는 턱을 빼서
입을 더 크게 벌려요. 덩치가
큰 먹잇감을 잡기 위한
방법이에요.

거대한 이빨의 바이퍼피시

굉장히 뾰족하고 긴 이빨을 지닌 이 물고기 좀 봐요.
몸이 30센티미터까지 자라는 바이퍼피시는 그리
큰 물고기는 아니에요. 하지만 이빨만큼은 남부럽지
않지요.
깊은 바닷속에서 먹잇감을 찾기란 쉽지 않아요.
먹잇감을 만나면 잽싸게 붙잡아 배 속으로 집어넣어야
해요. 무시무시한 이빨은 이 일에 아주 안성맞춤이지요.

입안에 다 들어가지 않을 정도로 긴 이빨이 오히려
방해가 되지 않냐고요? 천만의 말씀! 일단 먹잇감을
낚아채면 눈 깜짝할 사이에 입을 닫아요. 이빨이
새장처럼 물고기를 가두어 버리게요. 그럼 이제 통째로
꿀꺽 삼키는 일만 남지요.

심해 동물들의
강력한 무기 중
하나가 날카로운
이빨이에요.
귀신고기도
뾰족한 이빨로
유명하지요.

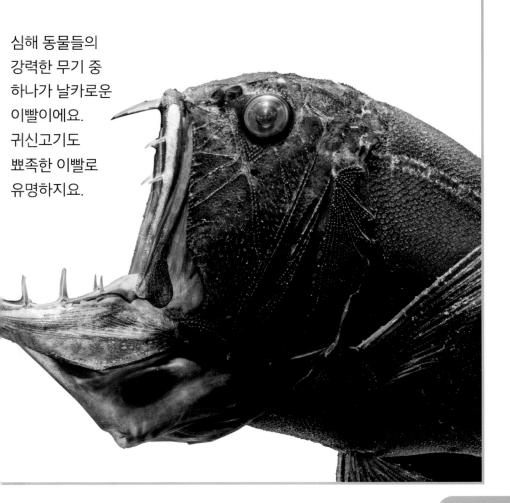

유령 상어

잠수정 불빛에 비친 저 물고기는 누구일까요? 큰 머리와 채찍 모양을 닮은 긴 꼬리 좀 봐요. '유령 상어'라는 별명을 지닌 은상어예요. 깊은 바닷속에는 50종류가 넘는 은상어 무리가 살아요. 크기는 종류마다 달라 60~200센티미터에 이르지요.

은상어는 별명이 많아요.
'쥐 고기', '귀신 고기',
'토끼 고기'로도 불려요.

사실 은상어는 상어가 아니라 상어와 먼 친척뻘인 물고기예요. 어떤 점에서 먼 친척이라고 할 수 있냐면, 상어처럼 연골로 이루어진 유연한 뼈를 지녔기 때문이에요. 여러분의 코와 귀 안에 있는 말랑말랑한 뼈도 연골이지요.

은상어는 머리와 몸통에 난 특별한 줄로 물속의 움직임을 느껴요. 그리고 이 느낌을 이용해서 먹잇감을 찾지요. 뭉툭한 이빨로 게와 홍합, 성게의 껍데기를 깨고 속을 빼 먹어요.

날카로운 방어 무기

등지느러미 근처에 독침을 지닌 은상어도 있어요. 포식자로부터 자신을 지키기 위해 꼭 필요한 무기예요.

심해는 수수께끼투성이

여러분 축하해요! 지금 여러분은 세계에서 가장 깊은 바다에 도착했어요. 여기까지 오는 데 두 시간 좀 넘게 걸렸군요.

바깥 풍경이 어째 으스스하지요? 아, 저기 꼼치가 보이네요. 얇은 지느러미와 꼬리로 바닷속을 헤엄치며 새우를 잡아먹어요. 먹잇감을 찾아내면 입으로 쏙 빨아들인 다음 또 다른 먹이를 찾아 유유히 어둠 속으로 사라지지요.

심해는 아직도 수많은 수수께끼를 간직하고 있어요. 과학자들과 탐험가들이 이곳을 직접 방문하여 연구를 해 나가기가 쉽지 않기 때문이에요. 하지만 그들의 노력으로 우리가 미처 알지 못했던 놀라운 심해의 비밀이 하나씩 밝혀지고 있어요. 여러분도 계속 관심을 가져 보세요.

아직 낯선 심해
심해를 방문했던 사람이
세계에서 가장 높은 산인 에베레스트산
꼭대기에 올랐던 사람보다 적어요.

용어 정리

관해파리

여러 작은 동물이 모여 하나의 몸을 이루어 살아가는 동물. 작은 동물들마다 하는 일이 제각각 다르다.

보호색

동물이 포식자를 피해 몸을 숨기게 도와주는 색깔

심해

깊은 바다. 보통 수면에서부터 깊이가 200미터 이상이 되는 곳을 말한다.

아가미

물고기나 상어 같은 바다 동물이 숨을 쉬는 호흡 기관

연골

동물의 몸 안에 있는 말랑말랑한 뼈. 탄력이 있어 구부러지기도 한다.

잠수정

과학자들이 깊은 바닷속을 탐사할 때 사용하는 배

청소부 동물

죽은 동물의 사체를 먹고 살아가는 동물

투명

유리처럼 속이 들여다보일 만큼 맑은 상태

포식자

다른 동물을 사냥하여 먹고 사는 동물

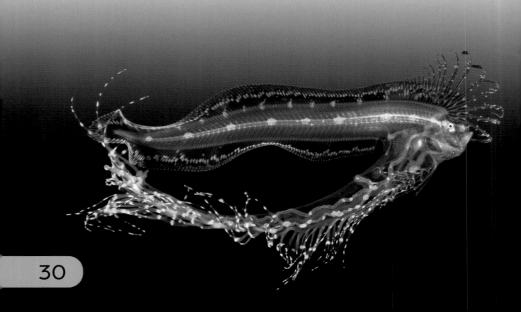

퀴즈

이 책을 읽고 무엇을 알게 되었는지 물음에 답해 보세요.
(정답은 맨 아래에 있어요.)

1. 심해에서 빨간색이 보호색으로 안성맞춤인
   이유는 무엇일까요?

2. "투명한 물고기가 깊은 바닷속을 헤엄친다."
   진실 또는 거짓?

3. 먹장어는 어떤 방법으로 적의 공격을 막아 낼까요?

4. 심해에서 만날 수 있는 상어의 이름을 두 가지
   말해 보세요.

5. 덤보문어는 어떤 모습으로 헤엄을 칠까요?

6. 아귀는 무엇으로 먹이를 유혹할까요?

7. "은상어의 뼈는 연골로 이루어져 있다." 진실 또는 거짓?

8. 관해파리는 무엇으로 먹이를 잡을까요?

1. 심해에 사는 동물들에게 빨간색은 검은색으로 보이므로 2. 진실
3. 끈적끈적한 점액을 뿜어내서 4. 뭉툭코여섯줄아가미상어, 돌묵상어
5. 코끼리 귀를 닮은 지느러미를 살랑살랑 흔들며
6. 빛을 뿜어내는 미끼 7. 진실 8. 촉수

DK 읽는재미!
SUPER Readers

아이들의 흥미와 발달을 모두 고려한
체계적인 읽기 프로그램 <DK 읽는 재미>.
스트레스 없는 책 읽기를 통해
아이들의 문해력이 자연스럽게 향상됩니다.

LEVEL 1

스스로 읽어요

취학 전 ~ 초등 1학년

본문 32p